AF562167

CAMPAGNE DE FRANCE

1870-1871.

RELEVÉ JOURNALIER

Des opérations du 2me bataillon du 14me régiment d'infanterie provisoire

(Mobiles du département de l'Yonne, Avallon-Tonnerre),

DRESSÉ

Par le Capitaine G. LEFEBVRE,

CHEVALIER DE LA LÉGION D'HONNEUR.

AVALLON

Imprimerie E. BARRÉ, place St-Julien.

1873

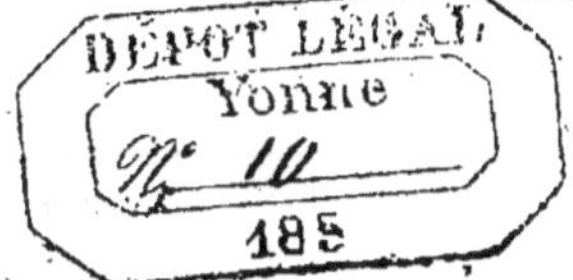

CAMPAGNE DE FRANCE

1870-1871.

RELEVÉ JOURNALIER

Des opérations du 2me bataillon du 14me régiment d'infanterie provisoire

(Mobiles du département de l'Yonne, Avallon-Tonnerre).

DRESSÉ

Par le Capitaine G. LEFEBVRE.

CORPS d'Armée.	COMMANDEMENT de Division et de Brigade.	de Régiment.	de Bataillon.	DATES.	EN MARCHE Heure du départ.	Heure de l'arrivée.	ÉTAPES.
1er Corps. — Armée de Paris. Commandant en Chef, Maréchal CANROBERT.	1re Division. — Général SOUMAIN. Général de Brigade, de JUNIAC.		Le Commandant BARRÉ.	10 août 1870.	. .	. .	. . . . .
				14 »	. .	. .	. . . . .
				16 »	. .	. .	. . . . .
	Général de Division, SOUMAIN. Général de Brigade, de KERSALAUN.			16 au 24 »	. .	. .	. . . . .
				25 »	6 h. m.	2 h. s.	Noyers.
				26 »	6 h. m.	11 h. m.	Tonnerre.
				27 »	. .	. .	. . . . .
		Le Lieutenant-Colonel LEBRUN de RABOT.		28 »	. .	. .	. . . . .

…NNEMENTS.	BIVOUACS.	EVÉNEMENTS.
. . . .	. . . . .	Ordre est donné aux Capitaines-Commandants de compagnies de se rendre, dans le plus bref délai, à Avallon, avec leurs cadres.
Avallon.	. . . . .	*Dimanche.* — Le premier appel est fait le matin à 9 heures ; grand nombre d'hommes manquent à cet appel.
»	. . . . .	*Mardi.* — Les exercices commencent. 188 hommes manquent encore aux appels.
»	. . . . .	Formation des compagnies, armement et exercices. Les cadres reçoivent l'habillement complet. Une partie des hommes reçoit des blouses et des képis. Les deux tiers du bataillon, dont l'effectif est près de onze cents hommes, sont armés du fusil dit, fusil à tabatière. — Les hommes sont logés chez l'habitant. — Le 24, dans la soirée, ordre est donné au demi-bataillon de droite de se tenir prêt à partir pour Tonnerre, le lendemain matin, 25.
»	. . . . .	*Jeudi.* — Les 1re, 2e, 3e et 5e compagnies quittent Avallon pour se rendre à Tonnerre, sous la conduite de M. le Chef de bataillon BARRÉ. Ces compagnies font grande halte à l'Isle et arrivent à Noyers, gîte d'étape, à 2 heures de l'après-midi. Cette étape est faite gaiement par les hommes, qu'une grande partie de la population accompagne jusqu'au premier village : Sauvigny-le-Bois. — Les 4e, 6e, 7e et 8e compagnies restent à Avallon, sous le commandement du Capitaine CAS.
»	. . . . .	*Vendredi.* — Le demi-bataillon de droite arrive à Tonnerre à 11 heures du matin.
Tonnerre.	. . . . .	*Samedi.* — Le demi-bataillon de gauche quitte Avallon pour aller rejoindre celui de droite à Tonnerre. — Les hommes sont cantonnés chez l'habitant.
»	. . . . .	*Dimanche.* — Tout le bataillon est réuni à Tonnerre, moins la 1re compagnie (Capitaine DANGEVILLE), qui est cantonnée à Flogny, et la 2e (Capitaine DE MORILLON), cantonnée à Ancy-le-Franc. Le 2e bataillon fait partie du 14e régiment d'infanterie provisoire, placé sous les ordres de M. le Lieutenant-Colonel LEBRUN DE RABOT.

CORPS d'Armée.	COMMANDEMENT			DATES.	EN MARCHE		ÉTAPES.
	de Division et de Brigade.	de Régiment.	de Bataillon.		Heure du départ.	Heure de l'arrivée.	
1er Corps. — Armée de Paris. Commandant en Chef, Général MONTAUBAN.	Général de Division, SOUMAIN. Général de Brigade, de KERSALAUN.	Le Lieutenant-Colonel LEBRUN de RABOT.	**Le Commandant BARRÉ.**	28 août au 11 oct.	. .	. .	. . . . .
Armée de la Côte-d'Or. Commandant en Chef, Colonel LAVALE.(*)	N.			12 octobre.	4 h. s.	10 h. s.	Dijon.
				12 au 20 octobre.	. .	. .	. . . . .
				21 octobre.	1 h. s.	7 h. s.	Mirebeau.

CANTONNEMENTS.	BIVOUACS.	EVÊNEMENTS.
Tonnerre.	. . . . .	On complète l'armement du bataillon, ainsi que son habillement consistant en tout et pour tout, en blouses bleues et képis. Les hommes reçoivent aussi l'équipement. Les cartouchières sont détestables et ne valent positivement rien. — Quelques paires de souliers, des chemises et des cravates sont également distribuées. — Il est fait une distribution de 60 cartouches par homme. — Le bataillon est exercé au maniement du fusil, aux manœuvres, tir à la cible et marches militaires. — Des avant-postes et grand'gardes sont placés sur la ligne du chemin de fer et sur les routes de Troyes et d'Épineuil. — Des tiraillements existent entre la population et les hommes. Les premiers se plaignent du trop long séjour des troupes chez eux ; et les seconds, qui ne demandent qu'à se porter en avant, sont peu satisfaits de l'hospitalité qui leur est donnée de si mauvaise grâce. Nous avons beaucoup de peine à obtenir de la paille pour le couchage des hommes de grand'garde. — Pendant notre séjour à Tonnerre, les événements se succèdent précipitamment et la ligne est coupée à Montereau. — Dans la nuit du 11 au 12 octobre, nous recevons enfin l'ordre de quitter Tonnerre et de partir pour Dijon.
. . . . .	. . . . .	*Mercredi*. — Dans la journée du 12, la 1re compagnie se replie sur Tonnerre. — Un train est mis à la disposition du bataillon qui part à 4 heures du soir pour Dijon, où il arrive à 10 heures, après avoir laissé à Tonnerre la 8e compagnie destinée à faire partie du dépôt. — A Dijon, les hommes sont logés dans des baraques, granges et écuries ; les officiers chez l'habitant. — En arrivant dans cette ville, le 2e bataillon trouve le 3e déjà arrivé, et le Lieutenant-Colonel commandant le régiment.
Dijon.	. . . . .	Le bataillon reçoit des pantalons et des demi-couvertures : il continue ses exercices et ses manœuvres. — Le 1er bataillon est détaché à Semur.
. . . . .	. . . . .	*Vendredi*. — Ordre est donné au régiment de se porter en avant. Le bataillon quitte Dijon à une heure de l'après-midi par une pluie battante, et prend la route de Mire-

(*) M. LAVALE, qui commandait l'armée de la Côte-d'Or, avec le grade de Colonel, était docteur en médecine, et n'avait jamais été soldat.

CORPS d'Armée.	COMMANDEMENT			DATES.	EN MARCHE		ÉTAPES.
	de Division et de Brigade.	de Régiment.	de Bataillon.		Heure du départ.	Heure de l'arrivée.	
Armée de la Côte-d'Or. Commandant en Chef, Colonel LAVALE.	N.	Le Lieutenant-Colonel BRAMAS.	Le Commandant BARRÉ.	22 octobre 1870.	5 h 1/2 s	9 h. s.	Montmançon.
				23 »	7 h. m.	6 h. s.	. . . . . .
				24 »	7 h. m.	10h. m.	. . . . . .
				25 »	8 h. m.	. .	. . . . . .
				26 »	. . .	. . .	. . . . . .

…MENTS.	BIVOUACS.	ÉVÉNEMENTS.
		beau où il arrive à 7 heures du soir. — En route, le Lieutenant-Colonel apprend sa mise en non activité. Il est remplacé par M. BRAMAS, chef du 1er bataillon.
. . .	. . . . .	*Samedi.* — Après être resté toute la journée à Mirebeau, nous quittons l'endroit à 5 heures 1/2 du soir avec le 3e bataillon, et nous arrivons à Montmançon à 9 heures. Les 1re et 2e compagnies sont détachées en avant, à Cheuge, où elles arrivent à 10 heures du soir.
. . .	Montmançon.	*Dimanche.* — Le bataillon quitte Montmançon à 7 heures du matin et se dirige sur Pontailler où il reste quelques heures sous les armes. Puis il retourne à Montmançon où il bivouaque sans effets de campement et avec la pluie sur le dos. — Pendant cette marche et cette contre-marche du bataillon, la 1re et la 2e compagnies, qui ont reçu contre-ordre sur contre-ordre, n'ont fait toute la journée que d'aller de Cheuge à Pontailler, et de Pontailler à Cheuge, et finissent par coucher à Pontailler où elles arrivent trempées jusqu'aux os et affamées, à 7 heures du soir, ayant marché 12 heures de temps. Les hommes n'ont toujours que la blouse pour tout vêtement de dessus.
. . .	Pontailler.	*Lundi.* — Le bataillon revient à Pontailler et bivouaque dans les vignes qui dominent le pays. — Les hommes sont employés aux travaux de défense ainsi que ceux des 1er et 3e bataillons. Le chef de gare de Talmay et un homme d'équipe sont amenés à Pontailler et accusés d'intelligence avec l'ennemi. — Le soir, à 6 heures 1/2, 3 compagnies, une de chaque bataillon, sous les ordres du Capitaine DE BONTIN, poussent une reconnaissance sur les bords de la Saône. Elles rentrent au bivouac à 2 heures du matin. Cette reconnaissance est éclairée par une aurore boréale magnifique.
. . . .	»	*Mardi.* — Le bataillon prend les armes et est placé en ligne le long du talus en remblai du chemin de fer. Pluie battante. Le bataillon passe la nuit sur les positions, toujours sans campement et en blouses.
. . . .	»	*Mercredi.* — Même position.

CORPS d'Armée.	COMMANDEMENT			DATES.	EN MARCHE		ÉTAPES.
	de Division et de Brigade.	de Régiment.	de Bataillon.		Heure du départ.	Heure de l'arrivée.	
Armée de la Côte-d'Or. Commandant en Chef, Colonel LAVALE.				27 octobre 1870.	. .	. .	. . . . .
Armée de la Côte-d'Or. Commandant en Chef, Colonel FAUCONNET.	N.	Le Lieutenant-Colonel BRAMAS.	Le Commandant BARRÉ.	28 »	1 h. m.	7 h. s.	Dijon.
				29 »	2 h. m.	3 h. s.	Beaune.

[CAN]TONNEMENTS.	BIVOUACS.	ÉVÉNEMENTS.
. . . .	Pontailler.	*Jeudi.* — **Affaire de Talmay.** — Le bataillon appuie le mouvement et fouille le bois. L'affaire terminée, il se replie sur Pontailler où il reçoit l'ordre, à une heure du matin, de battre en retraite sur Auxonne. — Le Capitaine CAS, malade, reste à l'ambulance où il est fait prisonnier le lendemain. — Un fait sur cent : Dans la crainte de voir arriver l'ennemi par la rive gauche de la Saône, on mine le magnifique pont placé sur cette rivière. L'ennemi fait un mouvement tournant, traverse la Saône à Gray, et parvient à Pontailler par la rive *droite*.... on fait sauter le pont tout de même ! ! ! riche affaire.
. . . .	. . . . .	*Vendredi.* — Le bataillon se replie sur Auxonne où il arrive à la pointe du jour et forme les faisceaux près de la gare en attendant les événements. — A 3 heures, le Colonel LAVALE donne l'ordre de prendre le chemin de fer et de retourner sur Dijon. — Ce Colonel est remplacé dans son commandement par le Colonel de gendarmerie FAUCONNET. — Le bataillon arrive à Dijon à 7 heures du soir, à peine les hommes sont-ils logés, que de nouveaux ordres arrivent pour continuer le mouvement de retraite sur Beaune, les Dijonnais étant décidés à ne point opposer de résistance à l'ennemi. — Nous quittons Dijon, harassés de fatigue, à 2 heures du matin, par la pluie qui ne cesse de tomber depuis le 23.
. . . .	. . . . .	*Samedi.* — Retraite déplorable ! Confusion et désordre ! Le bataillon, en assez bon ordre, quitte Dijon à 2 heures du matin et se dirige sur Beaune. — Grande halte à Nuits. Traînards étrangers au régiment tout le long du chemin. Armes abandonnées. Nous arrivons à Beaune à 2 heures de l'après-midi, après une marche longue et pénible et la pluie toujours sur le dos et en blouses. — Nous bivouaquons sur la voie du chemin de fer jusqu'à *9 heures du soir*, et après avoir reçu 50 ordres et 50 contre-ordres, les hommes se répandent en ville et se logent comme ils peuvent.

CORPS d'Armée.	COMMANDEMENT			DATES.	EN MARCHE		ÉTAPES
	de Division et de Brigade.	de Régiment.	de Bataillon.		Heure du départ.	Heure de l'arrivée.	
Formation de l'Armée de l'Est. Commandant en Chef : Général CROUZAT.	CARRÉ de BUSSEROLLES, Commandant de Recrutement à Macon.	Le Lieutenant-Colonel BRAMAS.	Le Commandant BARRÉ.	30 octobre 1870.	3 h. s.	. .	Macon.
				31 »	. .	1 h. m.	»
				1er novembre »	9 h. m.	3 h. s.	. . . . .
				2 »	. .	. .	. . . . .
				3 »	. .	. .	. . . . .

[illegible]EMENTS.	BIVOUACS.	ÉVÉNEMENTS.
. . .	. . . . .	*Dimanche.* — A 3 heures 1/2 du soir, le bataillon reçoit l'ordre de monter en chemin de fer et de retourner sur Dijon. — Au moment où le train se met en marche, le Commandant BARRÉ, qui se trouvait sur un marche-pied, tombe sur la voie et nous partons sans lui. — A Gevrey, le train menant le bataillon rencontre celui qui mène le 3e qui refoule sur Beaune, n'ayant pu arriver à Dijon, l'ennemi occupant cette place. — Nous suivons le mouvement en arrière du 3e et refoulons jusqu'à Mâcon où nous arrivons dans la nuit, après avoir pris en passant à Beaune, le Commandant, qui ne s'était fait aucun mal en tombant. — Les officiers et les hommes restent dans les voitures jusqu'au jour.
. . .	. . . . .	*Lundi.* — Au point du jour, nous apprenons la fatale nouvelle de la reddition de Metz ! — Nous passons la journée à Mâcon où les hommes reçoivent des vareuses et quelques-uns des souliers, il était temps. — Nous sommes seuls à Mâcon et ne savons ce que sont devenus les deux autres bataillons que nous supposons être à Lyon. Les hommes couchent le soir chez l'habitant et se reposent enfin.
Chaudenay.	. . . . .	*Mardi.* — Nous quittons Mâcon à 9 heures du matin et on nous dirige sur Chagny où nous arrivons à midi 1/2. — A peine installé dans Chagny, nous recevons l'ordre de repartir pour Chaudenay où nous sommes à 3 heures. — A 4 heures du soir, la 1re compagnie est placée aux avant-postes, au château de Mimandes. Elle passe la nuit dans les bois. Cette compagnie n'a point de vivres et a dû rester 24 heures sans prendre de nourriture et toujours sans campement.
»	. . . . .	*Mercredi.* — Repos. La 1re compagnie reste toute la journée aux avant-postes et n'est relevée qu'à 4 heures du soir.
»	. . . . .	*Jeudi.* — Le bataillon reçoit les effets de campement et les havre-sacs. Jusqu'à ce jour les hommes portaient leurs effets comme ils pouvaient.

CORPS d'Armée.	COMMANDEMENT			DATES.	EN MARCHE		ÉTAPES.
	de Division et de Brigade.	de Régiment.	de Bataillon.		Heure du départ.	Heure de l'arrivée.	
Formation de l'Armée de l'Est. Commandant en Chef, Général CROUZAT.	Brigade du Général BONET.	Le Lieutenant-Colonel BRAMAS.	**Le Commandant BARRÉ.**	4 novembre 1870.	7 h. m.	8 h. 1/2.	. . . . .
				5 au 12 »	. .	. .	. . . . .
				13 »	10 h. m.	2 h. s.	. . . . .
				14 »	1 h. s.	3 h. s.	. . . . .
				15 et 16 »	. .	. .	. . . . .
				17 »	9 h. m.	3 h. s.	. . . . .

…TONNEMENTS.	BIVOUACS.	ÉVÉNEMENTS.
. . . . .	Belle-Croix.	*Vendredi.* — Le bataillon quitte Chaudenay et vient camper àBelle-Croix, près Chagny. Les hommes dressent les tentes et campent pour la première fois. Les officiers se logent dans le château en ruine, près le camp. — Le bataillon fournit une grand'garde. — M. Breuillard, aide-major, nous rejoint.
. . . . .	»	Bivouac de Belle-Croix : exercices, manœuvres, reconnaissances et travaux de défense. Chagny est dans un état pitoyable de bouleversement. — La 7e compagnie, sous les ordres du Capitaine Langin, établit deux ponts volants sur le canal pour faciliter la retraite en cas de besoin. -- Le Lieutenant Marchand tombe malade et à partir de ce moment ne reparaît plus au bataillon.
. . . . .	Chassagne.	*Dimanche.* — Nous quittons Belle-Croix et établissons notre bivouac à Chassagne, sur la route d'Épinac à Autun.
. . . . .	Larochepot.	*Lundi.* — Nous quittons Chassagne à 1 heure de l'après-midi, et nous nous dirigeons, avec la brigade, sur Larochepot où nous arrivons à 3 heures. C'est ici que les hommes ont la satisfaction, pour la première fois, de se voir accompagner par de l'artillerie. — Nous bivouaquons sur les hauteurs qui dominent le pays et les routes de Beaune, Arnay-le-Duc, Autun, Chagny et le Creuzot.
. . . . .	»	Bivouac de Larochepot. Nous prenons des vivres qu'il faut aller chercher à Chagny ; corvées longues et pénibles.
. . . . .	Épinac.	*Jeudi.* — Toute la brigade quitte Larochepot et se dirige sur Épinac en passant par Nolay. — Nous remarquons en route des travaux de défense construits dans l'ordre inverse. C'est-à-dire, que la tranchée est du côté de la défense et le remblai du côté de l'ennemi. — Arrivé à Épinac à 3 heures, nous établissons notre bivouac et les hommes font la soupe. — A 11 heures du soir, ordre est donné de prendre la voie ferrée pour Gien, en passant par Nevers.

CORPS d'Armée.	COMMANDEMENT de Division et de Brigade.	de Régiment.	de Bataillon.	DATES.	EN MARCHE Heure du départ.	Heure de l'arrivée.	ÉTAPES.
18e Corps. — Armée de la Loire. Commandant en Chef, Général BILLAUT.	4e Division, Général BONET. 2e Brigade, Colonel ***	Le Lieutenant-Colonel BRAMAS.	Le Commandant BARRÉ.	18 novembre 1870	3 1/2 m.	11 h 1/2 s	. . . . .
				19 »	midi.	1 h. s.	. . . . .
				20 »	. .	. .	. . . . .
				21 »	. .	. .	. . . . .
				22 »	. .	. .	. . . . .
				23 et 24 »	. .	. .	. . . . .
				25 »	. .	. .	. . . . .

…NNEMENTS.	BIVOUACS.	ÉVÉNEMENTS.
. . . . .	Gien.	*Vendredi.* — Nous commençons par battre la semelle pendant 4 heures à la gare d'Épinac avant de pouvoir monter en voiture. — Un train qui doit emmener de la cavalerie, a plusieurs de ses voitures dont les planchers sont en ruine, et les malheureux chevaux qu'elles contiennent ont les jambes brisées et pendantes sur la voie. Cela fait pitié. — Nous montons en voiture à 3 heures 1/2 du matin et arrivons à Nevers à 11 heures où nous déjeûnons. — Le bataillon arrive à Gien à 11 heures 1/2 du soir et campe dans un champ bourbeux près de la gare.
. . . . .	rive g.	*Samedi.* — Nous quittons à midi ce sale bivouac et nous dressons nos tentes sur la rive gauche de la Loire.
. . . . .	»	*Dimanche.* — Nous nous établissons sur notre nouveau bivouac. — Le soir nous avons la visite de plusieurs Avallonnais venus pour voir leurs enfants.
. . . . .	»	*Lundi.* — Dans la journée, grande manœuvre. Nous reconnaissons nos postes de combat.
. . . . .	rive d.	*Mardi.* — Nous levons le camp et nous allons nous établir sur la rive droite avec le gros de l'armée. Affreux et sale emplacement, nous sommes dans la boue jusqu'au cou. — Le Capitaine DANGEVILLE est détaché au bureau de la Place. — Le Sous-Lieutenant LABOSSE entre à l'ambulance et ne reparaît plus au bataillon de toute la campagne.
. . . . .	»	Une grande partie de l'armée se porte en avant et marche sur Montargis. — Nous restons pour arrière-garde.
. . . . .	»	*Vendredi.* — Ordre enfin nous est donné de nous tenir prêts à marcher à 2 heures 1/2 du matin. Nous prenons 4 jours de vivre ; et ..... nous ne marchons pas !

CORPS d'Armée.	COMMANDEMENT de Division et de Brigade.	de Régiment.	de Bataillon.	DATES.	EN MARCHE Heure du départ.	Heure de l'arrivée.	ÉTAPES
N.	Colonel d'ARTIGUELONGUE, Commandant la Place de Gien.	Le Lieutenant-Colonel BRAMAS.	Le Commandant BARRÉ.	26 novembre 1870.	. .	. .	. . . .
				27 »	. .	. .	. . . .
				28 au 30 »	. .	. .	. . . .
				1er décembre »	. .	. .	. . . .
				2 et 3 »	. .	. .	. . . .
				4 »	. .	. .	. . . .
				5 et 6 »	. .	. .	. . . .
				7 »	. .	. .	. . . .

…MENTS.	BIVOUACS.	ÉVÉNEMENTS.
. . . .	Gien.	*Samedi.* — Nous restons seuls à Gien pour y faire le service de la place et défendre le passage.
. . . .	»	*Dimanche.* — Le Lieutenant Lefebvre est envoyé à Tours, par le Chef de Bataillon, porteur d'une requête auprès du Ministre de la Guerre, afin d'obtenir un armement convenable et l'ordre d'aller au feu.
. . . .	»	Service de la Place. — Nous fournissons des escortes pour les convois de munitions et de matériel dirigés sur Beaune-la-Rolande.
. . . .	»	*Jeudi.* — Le Lieutenant Lefebvre est de retour de sa mission, on lui a promis beaucoup, et on doit tenir fort peu ; c'est ce que prouvent les événements qui suivent.
. . . .	»	Rien de nouveau. — Des convois de blessés français arrivent à Gien. — La neige commence à tomber.
. . . .	»	*Dimanche.* — Alerte le matin à 5 heures. Le bataillon se déploie en tirailleurs. Une division de la 1re compagnie, commandée par le Lieutenant Lefebvre, part en reconnaissance. Cette division rentre à 11 heures sans avoir aperçu l'ennemi.
. . . .	»	Rien de nouveau. La neige couvre la campagne. — Le bataillon reçoit quelques pantalons et des souliers
. . . .	»	*Mercredi.* — Nous fournissons 700 travailleurs pour la construction de retranchements sur la route de Montargis. Le génie ne pouvant nous délivrer des outils, nous recevons l'ordre, à 2 heures 1/2, de retourner au camp. — Depuis midi on entend le canon. — A 3 heures, en arrivant au camp, vive alerte ! l'ennemi est signalé à peu de distance et le bataillon se porte en avant La 2e compagnie (Capitaine de Morillon) se déploie en tirailleurs. — A gauche de nous et successivement, vient se placer l'artillerie qui ouvre le feu aussitôt en batterie. — Nous apercevons les lignes de feu de l'ennemi. — A 5 heures 1/2, la nuit étant tout-à-fait venue, le feu cesse et nous restons en ligne jusqu'à minuit, heure à laquelle on donne l'ordre de repasser la Loire et de battre en retraite pour la 3e fois. — Pendant ce commencement d'affaire, le bataillon faisait très bonne figure et

CORPS d'Armée.	COMMANDEMENT de Division et de Brigade.	de Régiment.	de Bataillon.	DATES.	EN MARCHE Heure du départ.	Heure de l'arrivée.	ÉTAPES.
N.	Colonel d'ARTIGUELONGUE, Commandant la Place de Gien.	Le Lieutenant-Colonel BRAMAS.	Le Commandant BARRÉ.	8 décembre 1870.	2 h. m.	2 h. s.	Pierrefitte.
				9 »	8 h. m.	6 h. s.	Chapelotte.
				10 »	7 h 1/2	11 h. s.	Bourges.
	Général de Division MAZURE, Commandant la Place de Bourges.			11 »	. .	. .	. . . . .
				12 au 15 »	. .	. .	. . . . .

...MENTS.	BIVOUACS.	ÉVÉNEMENTS.
		les hommes étaient heureux en pensant qu'ils allaient enfin voir l'ennemi. Cette satisfaction leur était encore refusée et ce refus les mettaient dans un profond découragement.
		Jeudi. — Nous nous mettons en marche à 2 heures du matin, lentement, pour donner à l'artillerie le temps de passer. — Nous traversons la Loire à 3 heures et nous prenons la route de Châtillon que nous laissons ensuite pour aller coucher à Pierrefitte, où nous arrivons à 2 heures de l'après-midi. — On fait sauter le pont de Gien aussitôt après notre passage. — Mme Dorneau, venue pour soigner son fils, Lieutenant au bataillon et malade, nous suit à pied sur une route exécrable et couverte de verglas. — Impossible d'avoir une voiture pour cette pauvre dame et son fils, toujours souffrant.
		Vendredi. — Nous quittons Pierrefitte à 8 heures du matin et arrivons à Chapelotte à 6 heures du soir après avoir pris un instant de repos à Vailly. — Marche très pénible sur le verglas.
		Samedi. — Départ à 7 heures 1/2. Nous déjeûnons à Heurichemont que nous quittons à midi. — Un détachement d'artillerie nous dépasse ; le Colonel qui le commande nous engage à aller coucher à Bourges, l'ennemi nous suivant de près. — Nous prenons un instant de repos aux Aix et nous continuons notre marche jusqu'à Bourges, où nous arrivons à 11 heures du soir ayant marché pendant 15 heures 1/2 sur le verglas. Les hommes sont rompus et se couchent où ils se trouvent.
	Bourges.	*Dimanche.* — Nous établissons notre bivouac à l'entrée de Bourges près la ligne du chemin de fer et nous attendons les ordres.
	»	Repos. — Nous apprenons que les 1er et 3e bataillons du régiment sont à Lyon. — Nous recevons, le 15, l'ordre d'aller rejoindre ces deux bataillons, à Lyon, en passant par Moulins, où nous devons prendre la voie ferrée.

CORPS d'Armée.	COMMANDEMENT de Division et de Brigade.	de Régiment.	de Bataillon.	DATES.	EN MARCHE Heure du départ.	Heure de l'arrivée.	ÉTAPES.
N. Armée de l'Est. — Comm^dt en Chef, Général BOURBAKI. 24e Corps. — Général en Chef, BRESSOLLES.	N.	Le Lieutenant-Colonel BRAMAS.	Le Commandant BARBÉ.	16 décembre 1870.	8 h. m.	2 h. s.	Dun-le-Ro
				17 »	7 h. m.	2 h. s.	Ainay-le-Châ
				18 »	7 h. m.	3 h. s.	Bourbon-l'Arc
				19 »	7 h. m.	3 h. s.	Moulins.
				20 »	11 h. s.	. .	»
				21 »	. .	1 h. s.	. . . .
				22 au 28 »	. .	. .	. . . .
				29 »	8 h. s.	. .	. . . .
				30 »	. .	1 h. s.	. . . .

...EMENTS.	BIVOUACS.	ÉVÉNEMENTS.
. . .	. . . . .	*Vendredi.* — Nons quittons Bourges à 8 heures du matin, en faisant grand-halte à St-Just et arrivons à Dun-le-Roi à 2 heures de l'après-midi.
. . .	. . . . .	*Samedi.* — Nous couchons à Ainay-le-Château, en passant par Daulmier où nous déjeûnons.
. . .	. . . . .	*Dimanche.* — Nous arrivons à Bourbon-l'Archambault à 3 heures de l'après-midi, après avoir fait halte à Cérilly.
. . .	. . . . .	*Lundi.* — Arrivée du bataillon à Moulins à 3 heures où il reste jusqu'au lendemain 11 heures du soir, heure à laquelle il prend la ligne ferrée pour se rendre à Lyon.
. . .	. . . . .	*Mardi.* — A 9 heures du soir le bataillon est réuni à la gare de Moulins, monte en voitures et ne quitte ce gîte d'étape qu'à 11 heures, après avoir laissé partir en avant un train dans lequel se trouve le représentant GAMBETTA qui se rend à Lyon.
Lyon.	. . . . .	*Mercredi.* — Après avoir passé le reste de la nuit en route, nous arrivons à Lyon à 1 heure de l'après-midi. Nous stationnons à la gare de Vaise jusqu'à 4 heures, puis nous nous rendons au lycée St-Rambert où les hommes sont casernés. — Nous apprenons que les 1er et 3e bataillons sont partis de la veille pour Besançon.
»	. . . . .	Nous séjournons à Lyon. Les hommes reçoivent de l'habillement, du campement et de la chaussure. L'armement est mis en état. — Nous sommes placés dans la 2e brigade de la 2e division du 24e corps, Armée de l'Est. — MM. VIGOUREUX et DOROTTE officiers, BREUILLARD, aide-major, entrent à l'ambulance.
. . .	. . . . .	*Jeudi.* — Nous quittons Lyon à 8 heures du matin par le chemin de fer qui doit nous mener à Besançon. — Au moment de partir, le Commandant BARRÉ reçoit des avis de promotions pour son cadre d'officiers.
Besançon.	. . . . .	*Vendredi.* — Nous arrivons à Besançon à une heure de l'après-midi. — Nous retrouvons enfin les 1er et 3e bataillons. — On nous donne pour cantonnement le faubourg St-Claude.

CORPS d'Armée.	COMMANDEMENT de Division et de Brigade.	de Régiment.	de Bataillon.	DATES.	EN MARCHE Heure du départ.	Heure de l'arrivée.	ÉTAPES
Armée de l'Est. — Commandant en Chef, Général BOURBAKI. 24e Corps. — Général en Chef, BRESSOLLES.	2e Division, Général IRLANDE. 2e Brigade, Colonel BRAMAS.	Le Lieutenant-Colonel BARRÉ.	Le Commandant de BONTIN.	31 décembre 1870.	. .	. .	. . .
				1er janvier 1871.	2 h. s.	5 h. s.	. . .
				2 »	10 h. m.	6 h. s.	. . .
	2e Division, Général de COMAGNY. (*) 2e Brigade, Colonel BRAMAS.			3 »	. .	. .	. . .
				4 »	8 h. m.	midi.	. . .
				5 »	. .	. .	. . .
				6 »	6 h. m.	3 h. s.	. . .

EMENTS.	BIVOUACS.	EVÉNEMENTS.
int-Claude.	. . . . .	*Samedi.* — M. BARRÉ est nommé Lieutenant-Colonel en remplacement de M. BRAMAS, promu Colonel, qui prend le commandement de la 2e brigade. M. DE BONTIN, Capitaine, est nommé Chef du 2e bataillon, en remplacement de M. BARRÉ.
. . . . .	Pouilly-les-Vignes	*Dimanche.* — Nous sommes de nouveau près de l'ennemi, serons-nous plus heureux cette fois ? — A 2 heures le bataillon part pour former les grand'gardes. Trois compagnies se placent à St-Valentin et les quatre autres à Pouilly-les-Vignes. — Nous avons reçu trois jours de vivres. — Il neige.
Roche.	. . . . .	*Lundi.* — A 10 heures du matin ordre nous est donné de nous replier au plus vite sur St-Claude. — Arrivés à 2 heures nous faisons encore des vivres pour trois jours, et à 4 heures nous nous remettons en marche avec la brigade. — Le soir nous cantonnons à Roche avec l'état-major du régiment. — Le 1er bataillon est placé à Novillars et le 3e à Thise.
»	. . . . .	*Mardi.* — On se prépare à faire face à l'ennemi. — Nous marchons décidément sur **Belfort!**
Rigney.	. . . . .	*Mercredi.* — Le bataillon couche à Rigney où il arrive à midi. — Grand'gardes et patrouilles.
»	. . . . .	*Jeudi.* — Ordre est donné de se préparer à un fort mouvement en avant. — La neige couvre la campagne. — Reconnaissances sur la ligne du chemin de fer en construction.
ougemont.	. . . . .	*Vendredi.* — Nous quittons Rigney à 6 heures du matin et la colonne se dirige sur Rougemont que l'on dit occupé par l'ennemi. — Nous arrivons à 3 heures à Rougemont que les Prussiens ont quitté le matin. — Nous trouvons partout des débris et la trace de ces vauriens qui se sont vautrés et repus dans le pays. Nos hommes sont déterminés, et ne demandent qu'à en finir une bonne fois avec ces sauvages.

(1) M. THIBAUDIN, lieutenant-colonel au 67e de ligne fait prisonnier à Sedan, avait obtenu le commandement de la 2e division du 24e corps, en prenant le nom de DE COMAGNY ??

CORPS d'Armée.	COMMANDEMENT de Division et de Brigade.	de Régiment.	de Bataillon.	DATES.	EN MARCHE Heure du départ.	Heure de l'arrivée.	ÉTAPES.
Armée de l'Est. — Commandant en Chef, Général BOURBAKI. 24e Corps. — Général en Chef, BRESSOLLES.	2e Division, Général de COMAGNY. 2e Brigade, Colonel BRAMAS.	Le Lieutenant-Colonel BARRÉ.	Le Commandant de HONTEN.	7 janvier 1871.	. .	. .	. .
				8 »	8 h. m.	1 h. s.	. .
				9 »	11 h. m.	5 h. s.	. .
				10 »	4 h. m.	. .	. .

…NEMENTS.	BIVOUACS.	ÉVÉNEMENTS.
…ugemont.	. . . . .	*Samedi.* — Alerte ! Départ précipité à midi. Nous entrons dans la Haute-Saône. — A une heure de marche, nous trouvons des ouvrages construits par l'ennemi. On fait mettre sac à terre à un bataillon et on détruit les ouvrages. Un autre bataillon va en reconnaissance pendant ce travail. Le 2e bataillon reste sous les armes pour protéger les travailleurs en cas de besoin. — Nous rentrons à Rougemont à 4 heures du soir. — Le Capitaine Haran tombe gravement malade et ne paraît plus au bataillon du reste de la campagne.
Grammont.	. . . . .	*Dimanche.* — Nous quittons Rougemont à 8 heures du matin. Le bataillon est d'extrême avant-garde. La 1re compagnie (Capitaine Dangeville) est détachée pour le service de l'intendance. — Nous arrivons à Grammont à une heure. — L'ennemi est signalé à Arcey où il a établi des retranchements.
Gémonval.	. . . . .	*Lundi,* — A 7 heures du matin, la 6e compagnie (Capitaine Lefebvre) part en reconnaissance jusqu'au village de Courchaton et rentre à 9 heures. — A 11 heures, le bataillon quitte Grammont et se rend à Gémonval où est cantonnée la brigade.
. . . .	Plateau de la Chap.	*Mardi.* — On bat la générale à 4 heures du matin. Nous nous portons en avant et on nous place en bataille sur le plateau dominant le village de Corcelles. — A 11 heures nous apercevons l'ennemi sur les hauteurs. — La 7e compagnie, Capitaine Langin, est envoyée pour prendre position en avant. — La 6e compagnie, Capitaine Lefebvre, soutient le mouvement, et va ensuite sonder le village de Corcelles que l'ennemi a dû abandonner le matin en présence des forces françaises. — A 2 heures, le canon déloge l'ennemi de dessus les hauteurs. — Nous passons la nuit sur le plateau : nuit atroce ; neige et vent furieux et glacial. Nous sommes sans vivres. — Les chevaux de l'artillerie restent trente heures attelés sans boire ni manger. — Cette funeste nuit nous cause bien du mal. — Le capitaine Langin, si vigoureux et si courageux, tombe lui-même bien malade et

CORPS d'Armée.	COMMANDEMENT de Division et de Brigade.	de Régiment.	de Bataillon.	DATES.	EN MARCHE Heure du départ.	Heure de l'arrivée.	ÉTAPES.
Armée de l'Est. — Commandant en Chef, Général BOURBAKI. 24e Corps. — Général en Chef, BRESSOLLES.	2e Division, Général de COMAGNY. 2e Brigade, Colonel BRAMAS.	Le Lieutenant-Colonel BARRÉ.	Le Commandant de BONTIN.	11 janvier 1871.	. .	. .	. . . . .
				12 »	. .	. .	. . . . .
				13 »	6 h. m.	5 h. s.	. . . . .
				14 »	. . .	. . .	. . . . .
				15 »	6 h. m.	. . .	. . . . .

ANTONNEMENTS.	BIVOUACS.	ÉVÉNEMENTS.
		est envoyé à l'ambulance. C'est une grande perte pour le bataillon où il rendait de très grands services depuis le commencement de la campagne.
. . . . .	La Chapelle.	*Mercredi.* — Après être resté sur les positions toute la journée, et toujours sans vivres, la brigade rentre à Gémonval. Notre bataillon reste sur le plateau en grand' garde mais il s'abrite dans les premières maisons du village de La Chapelle.
Gémonval.	. . . . .	*Jeudi.* — Quelques coups de feu dans la nuit. — Nous rentrons le soir à Gémonval.
Echenans.	. . . . .	*Vendredi.* — **Affaire d'Arcey.** — Toute la division prend les armes à 6 heures du matin et nous nous dirigeons sur les hauteurs qui dominent Arcey. — Allocutions faites à l'armée rangée en colonnes serrées par bataillons. — Attaque. — L'artillerie ouvre le feu qui devient violent et précipité. — Il est 10 heures du matin. A ce moment il s'élève une panique, car le bruit court que notre artillerie fait feu sur un parti français. Le Général DE COMAGNY vient lui-même vérifier le fait. — Nous nous portons en avant. — Quelques obus tombent près de nous sans occasionner de mal. — A 4 heures l'ennemi se retire dans les bois, et nous cantonnons à Échenans, où nous arrivons a 5 heures du soir.
»	. . . . .	*Samedi.* — A la pointe du jour nous nous replaçons sur les positions de la veille, où nous restons jusqu'à midi. — Le soir il est fait de fortes reconnaissances jusqu'à St-Julien et Rainans. — Les vivres manquent toujours et on prévient les Chefs de corps qu'ils aient à se pourvoir eux-mêmes. C'est une mesure incroyable et impossible à exécuter. On fait une vraie chasse dans le pays, et c'est à qui mettra la main sur un morceau de pain où une pomme de terre.
. . . . .	Bois de Vyans.	*Dimanche.* — Nous quittons Échenans à 6 heures du matin. — A 7 heures, nous nous trouvons enfin à proximité d'un convoi de vivres, il est fait une distribution de biscuits, sucre, café et lard. A 9 heures le feu commence et dure toute la journée. Le régiment est placé en 2e

CORPS d'Armée.	COMMANDEMENT de Division et de Brigade.	de Régiment.	de Bataillon.	DATES.	EN MARCHE Heure du départ.	Heure de l'arrivée.	ÉTAPES.
Armée de l'Est. — Commandant en Chef, Général BOURBAKI. 24e Corps. — Général en Chef, BRESSOLLES.	2e Division, Général de COMAGNY. 2e Brigade, Colonel BRAMAS.	Le Lieutenant-Colonel BARRÉ.	Le Commandant de BONTIN.	16 janvier 1871.	. . . .	. . . .	. . . .
				17 »	. . . .	. . . .	. . . .

MOUVEMENTS.	BIVOUACS.	EVÉNEMENTS.
		ligne ; un bataillon, le 1er, est détaché pour soutenir l'artillerie vers Raynans. — A la fin de la journée, l'ennemi repasse la rivière l'Oignon et se retranche derrière la ligne du chemin de fer et dans les bois qui dominent le pays. — Le soir, nous campons dans les bois avoisinant les positions enlevées dans la journée, et toute la nuit nous entendons gronder le canon de Belfort. — Quelques coups de feu aux avant-postes.
....	Bois de Vyans.	*Lundi.* — Le feu reprend au jour. Nous nous plaçons en ligne dans le ravin de Vyans où nous restons jusqu'au soir 3 heures. — A ce moment, on nous fait faire un mouvement qui nous expose en plein au feu de l'artillerie prussienne. Aussi l'ennemi en profite, et nous envoie une grêle d'obus. En un rien de temps nous avons un officier et plusieurs hommes atteints mortellement. — Chose inouie : nous ne possédons aucun chirurgien, sur trois que nous devrions avoir ; où sont-ils ? Pas non plus de cacolets pour charger les blessés qui restent dans la neige et meurent de leurs blessures et de froid. Un caporal du bataillon, THIERRY, arrive enfin avec une voiture d'ambulance, peut emmener le Sous-Lieutenant MARION qui meurt en chemin. — Le soir nous bivouaquons dans les bois.
....	»	*Mardi.*—Le matin, au point du jour, nous nous remettons en positions. Nous avons des hommes qui ont les pieds gelés. Les Capitaines DE LUPEL, HOUDAILLE, et le Lieutenant JEANNEZ, entrent à l'ambulance. — En défilant le long d'un bois, nous recevons quelques obus. — A 8 heures du matin, trois compagnies du bataillon reçoivent l'ordre d'aller occuper le village de Bussurel, à 150 mètres et sous le feu de l'ennemi ; ce sont les 2e, 3e et 4e, commandées par les Capitaines DE MORILLON et LEFEBVRE et le Lieutenant HOUDAILLE. Une vive fusillade reçoit ces trois compagnies, lesquelles, grâce aux mauvais tireurs prussiens, n'ont que très peu d'hommes blessés. Le village est incendié par l'ennemi qui ne réussit pas à déloger nos hommes. — Le bataillon passe la nuit dans le ravin de Vyans.

CORPS d'Armée.	COMMANDEMENT de Division et de Brigade.	de Régiment.	de Bataillon.	DATES.	EN MARCHE Heure du départ.	Heure de l'arrivée.	ÉTAPES.
Armée de l'Est. — Commandant en Chef, Général BOURBAKI. 24e Corps. — Général en Chef, BRESSOLLES.	2e Division, Général de COMAGNY. 2e Brigade: Colonel BRAMAS.	Le Lieutenant-Colonel BARRÉ.	Le Commandant de BONTIN.	18 janvier 1871.	. .	. .	. . . .
				19 »	1 h. m.	8 h. s.	. . . .
				20 »	6 h. m.	5 h. s.	. . . .

TONNEMENTS.	BIVOUACS.	ÉVÉNEMENTS.
. . . .	Ravin de Vyans.	*Mercredi.* — La journée se passe assez tranquillement excepté pour l'artillerie qui tonne de temps à autre. — Nous prévoyons une retraite conditionnée. — Nous n'avons presque plus d'officiers. Ils quittent nos lignes les uns après les autres. — Le Capitaine DE MORILLON tombe malade et se rend à l'ambulance. — Pas de vivres, pas d'eau, de la neige et toujours de la neige. — Le moral des troupes est fort triste. — Un Capitaine du bataillon se rendant à l'ambulance de Besançon est interrogé par le Chef de gare de cette ville qui lui demande où en sont les opérations : Ce Capitaine lui dit la vérité, c'est-à-dire, que le mouvement en avant pour débloquer Belfort est manqué, faute de stratégie, de savoir, de munitions et de vivres et qu'il n'en fallait pas tant pour être battu, ce à quoi le Chef de gare répondit : « *J'ai des montagnes de vivres qui pourrissent ici.* — « *J'ai toujours l'ordre d'expédier des hommes mais jamais* « *celui d'expédier des vivres.* — *Je ne suis pas militaire,* « *aussi je n'y comprends rien !* »
. . . .	Étrapes.	*Jeudi.* — Nous quittons nos positions à 1 heure du matin ; il est temps si nous ne voulons pas être abîmés ou prisonniers. — Nous battons en retraite pour la 4e *fois,* mais celle-ci est affreuse. — Un verglas abominable gêne la marche qui est d'une lenteur désespérante. — L'ennemi qui nous suit de près met le feu au village de Sainte-Marie. — Un bataillon de chasseurs à pied est fait prisonnier par la cavalerie prussienne. — Nous arrivons à Étrapes à 8 heures du soir, après 19 heures de marche.
Pont-de-Roide.	. . . . .	*Vendredi.* — Nous quittons Étrapes à 6 heures du matin et traversons le Doubs à L'Isle. — Le bataillon arrive à Pont-de-Roide à 5 heures du soir. Les hommes forment les faisceaux et se répandent dans le village, exténués de fatigue et mourant de faim. — A ce jour, sur 19 officiers que possédaient les 6 compagnies de marche du bataillon, il n'en reste que *sept :* LEFEBVRE, Capitaine, commandant le bataillon, et les Officiers

CORPS d'Armée.	COMMANDEMENT			DATES.	EN MARCHE		ÉTAPES.
	de Division et de Brigade.	de Régiment.	de Bataillon.		Heure du départ.	Heure de l'arrivée.	
Armée de l'Est. — Commandant en Chef, Général BOURBAKI. 24e Corps. — Général en Chef, BRESSOLLES.	2e Division, Général de COMAGNY. 2e Brigade, Colonel BRAMAS.	Le Lieutenant-Colonel BARRÉ.	Le Commandant de BONTIN.	21, 22 janvier 1871	. .	. .	. . . .
				23 »	. .	. .	. . . .
				24 »	10 h. m.	7 h. s.	. . . .
				25 »	6 h. m.	4 h. s.	. . . .
				26 »	6 h. 1/2.	8 h. s.	. . . .

TONNEMENTS.	BIVOUACS.	ÉVÉNEMENTS.
		HOUDAILLE, DORNEAU, PINOT, COLLIN, DE TANLAY, et LÉGER. — Le Lieutenant-Colonel BARRÉ est toujours là, donnant l'exemple par son courage et son énergie.
nt-de-Roide.	. . . . .	*Samedi et Dimanche.* — Le régiment cantonne à Pont-de-Roide où il est chargé d'assurer la garde des convois. Nous nous couvrons par des grand'gardes sur la rive droite et sur la rive gauche du Doubs, ainsi que sur la route de Blamont. — Ordre est donné d'organiser des ateliers pour réparer la chaussure et l'habillement. — Il est fait trois appels par jour dont deux avec armes et bagages. — Des propositions sont faites pour la Légion d'Honneur et pour l'avancement.
»	. . . . .	*Lundi.* — Nous avons une alerte à 2 heures de l'après-midi, l'ennemi est signalé à 4 kilomètres de Pont-de-Roide. Nous prenons les armes, et nous restons en bataille jusqu'à 5 heures. — Nous recevons des vivres dans la nuit.
. . . .	Cour-St-Maurice.	*Mardi.* — A 10 heures du matin le bataillon se met en marche. Il est d'extrême arrière-garde. Nous prenons la route de Pontarlier par la vallée du Doubs en passant par St-Hippolyte. Nous couchons à Cour-St-Maurice où nous arrivons à 7 heures du soir. — Les hommes bivouaquent. — L'Intendant militaire, établi à Clerval, déclare à un officier du bataillon, se rendant à l'ambulance, qu'il reçoit plus de mille malades par jour.
. . . .	Les Fontenelles.	*Mercredi.* — En route à 6 heures. — Nous sommes en avant-garde. — Encore une fois sans vivres. Il faut que les hommes mendient presque leur nourriture. Nous arrivons à Fontenelles à 4 heures du soir.
. . . .	Morteau.	*Jeudi.* — Départ de Fontenelles à 6 heures 1/2. Nous quittons la route de Pontarlier pour celle de Besançon. — Arrivé à Fuans à midi, on nous donne l'ordre de rejoindre la route de Pontarlier en franchissant un col couvert de neige. — Nous arrivons à Morteau à 8 heures du soir et le bataillon est envoyé dans un hameau près de la ville où il arrive à 9 heures. Sur neuf cents hommes, composant l'effectif des 6 compagnies

CORPS d'Armée.	COMMANDEMENT de Division et de Brigade.	COMMANDEMENT de Régiment.	COMMANDEMENT de Bataillon.	DATES.	EN MARCHE Heure du départ.	EN MARCHE Heure de l'arrivée.	ÉTAPES.
Armée de l'Est. — Commandant en Chef, Général BOURBAKI. 24e Corps. — Général en Chef, BRESSOLLES.	2e Division, Général de COMAGNY. 2e Brigade, Colonel BRAMAS.	**Le Lieutenant-Colonel BARRÉ.**	**Le Commandant de BONTIN.**	27 janvier 1871.	8 h. m.	1 h. s.	. . . .
				28 »	7 h. m.	10 h. s.	. . . .
				29 »	8 h. m.	1 h. s.	. . . .

CANTONNEMENTS.	BIVOUACS.	ÉVÉNEMENTS.
		à leur arrivée à Besançon, il en arrive à Morteau à peine deux cents ! Rien d'étonnant à cela, en pensant que les hommes sont en route depuis le matin 6 heures, qu'ils n'ont que peu ou pas de vivres, point de chaussures et marchent presque constamment dans 2 pieds de neige.
Ville-du-Pont.	. . . . .	*Vendredi.* — Nous nous rallions à Morteau d'où nous partons à 8 heures. — Le Commandant de notre bataillon, M. DE BONTIN, nous ayant rejoint, le Capitaine LEFEBVRE, qui le commandait pendant son absence, prend le commandement du 3e bataillon où il ne reste presque plus d'officiers. — Nous arrivons à Ville-du-Pont à 1 heure, où nous cantonnons et vivons de la charité des habitants.
Montperreux.	. . . . .	*Samedi.* — Nous traversons Pontarlier à 11 heures et le régiment fait grand'halte à 2 kilomètres au-delà de la ville. On essaie de donner quelques vivres et on ne réussit qu'à nous faire perdre 4 heures de jour pour nous donner un peu de sucre et de café avec de l'eau de vie et une caisse de biscuits par compagnie. — Cela va de plus mal en plus mal. — Après nous être remis en route et avoir marché jusqu'à *10 heures du soir*, nous couchons à Montperreux, près le lac St-Point. — Il n'y a pas *50 hommes de présents*. Ils sont restés qresque tous en route ne pouvant plus mettre un pied devant l'autre, ayant de la neige jusqu'au ventre. Celui qui écrit ces lignes affirme qu'il lui a fallu une volonté inouïe pour arriver à l'étape, ayant vécu toute la journée avec un morceau de *pain d'épice* (sic), seule nourriture qu'il a pu trouver en traversant Pontarlier et qu'il a partagée avec le Caporal THIERRY.
Gellin.	. . . . .	*Dimanche.* — Les débris du bataillon se mettent en marche de nouveau à 8 heures du matin. — Sur 3,000 hommes dont le régiment se composait, 200 seulement marchent avec nous. — Nous arrivons à Gellin à 1 heure.

CORPS d'Armée.	COMMANDEMENT de Division et de Brigade.	COMMANDEMENT de Régiment.	COMMANDEMENT de Bataillon.	DATES.	EN MARCHE Heure du départ.	EN MARCHE Heure de l'arrivée.	ÉTAPES.
Armée de l'Est. — Commandant en Chef, Général CLINCHANT. 24e Corps. — Général en Chef, BRESSOLLES.	2e Division, Général de COMAGNY. 2e Brigade, Colonel BRAMAS.	Le Lieutenant-Colonel BARRÉ.	Le Commandant de BONTIN.	30 janvier 1871.	. .	. .	. . . .
				31 »	6 h. s.	8 h. s.	. . . .
				1er février »	1 h. m.	midi.	. . . . .

TONNEMENTS.	BIVOUACS.	ÉVÉNEMENTS.
Gellin.	. . . . . .	*Lundi.* — Nous séjournons à Gellin où nous commençons à respirer. — Nous faisons du pain et nous achetons de la viande sur pied. — Les hommes commencent à nous rejoindre. — Nous apprenons la tentative de suicide du Général BOURBAKI, et à l'appel de 4 heures, on nous annonce officiellement la suspension d'armes, ou l'*armistice.*
Le Brey.	. . . . . .	*Mardi.* — Les traînards arrivent petit à petit. — Quelques officiers nous rejoignent ; le Commandant GENTIL, du 3e bataillon, est du nombre. — *Tout à coup le bruit court que l'armistice ne regarde point l'armée de l'Est.* — Nous quittons Gellin à 6 heures du soir pour coucher à Brey où nous croyons prendre cantonnement.
SUISSE !	. . . . . .	*Mercredi.* — Minuit. On sonne la générale ; le Capitaine LEFEBVRE reçoit l'ordre d'emmener le bataillon au plus vite sur Labergemont ; nous partons à 1 heure du matin, en laissant à Brey notre Chef de bataillon, M. DE BONTIN, bien malade. — Arrivé à Labergemont à 2 heures du matin, nous ne trouvons qu'un village abandonné. Partout règne un désordre complet ; artillerie abandonnée, poudres à l'eau, voitures en travers des routes et personne pour donner des ordres. Nous finissons par trouver le Maire qui se cachait et il nous apprend que la colonne a quitté le pays en prenant la route de Jougne. — Les officiers se réunissent et décident entre eux qu'il faut suivre le mouvement après avoir demandé un guide au Maire. — Route impossible : neige jusqu'à la ceinture, débris de toutes sortes le long du chemin, chevaux morts ou mourants, caissons abandonnés ainsi que des voitures d'ambulance *qui n'ont jamais servi qu'à faire parade, car au feu, il n'y avait ni chirurgien, ni ambulancier, ni matériel de secours !* Notre marche ressemble à une vraie déroute de Moscou. — A 5 heures du matin, dans 2 pieds de neige, le bataillon est forcé de s'arrêter et de souffler. — Nous nous abritons sous un bois de sapin, faisons bon feu et attendons le jour. — A 7 heures du matin, le Général DE COMAGNY nous

CORPS d'Armée.	COMMANDEMENT de Division et de Brigade.	COMMANDEMENT de Régiment.	COMMANDEMENT de Bataillon.	DATES.	EN MARCHE Heure du départ.	EN MARCHE Heure de l'arrivée.	ÉTAPES.
Armée de l'Est. — Comdt en Chef, Général CLINCHANT. 24e Corps. — Général en Chef, BRESSOLLES.	2e Division, Général de COMAGNY. 2e Brigade, Colonel BRAMAS.	Le Lieutenant-Colonel BARRÉ.	Le Commandant de BONTIN.				

[M]OUVEMENTS.	BIVOUACS.	EVÉNEMENTS.
		dépasse et nous donne l'ordre de suivre le mouvement. .... Il se rend en *Suisse!* A onze heures du matin, toujours sous le commandement du Capitaine LEFEBVRE, nous traversons la frontière et nous sommes prisonniers de guerre après avoir rendu les armes.

C'est ici qu'il faut terminer ce journal, mais on ne le fera pas avant de manifester une profonde reconnaissance envers ce brave peuple qui nous a si bien accueilli, si bien soulagé et si bien consolé.

Nous nous souviendrons toujours avoir vu hommes, femmes et enfants tendre les bras en pleurant à nos braves et bien pauvres soldats, en s'efforçant, par mille soins, de calmer leur douleur et leur profond chagrin.

Merci du fond du cœur à la Suisse! merci à nos chers et bien aimés voisins!

Avallon, le 26 septembre 1872.

LE CAPITAINE,

G. LEFEBVRE ✻

NOTA. — Nous croyons devoir ajouter à notre relevé, celui qui nous a été remis par M. le Lieutenant DE CHASTELLUX, concernant les opérations du dépôt que nous avions laissé à Tonnerre, en partant pour Dijon, le 12 octobre 1870. — *(Voir ci-contre.)*

OPÉRATIONS DU DÉPOT.

—

Le 2e bataillon en quittant Tonnerre y laissa sa compagnie de dépôt, qui rejoignit immédiatement, à Auxerre, les compagnies de dépôt des autres bataillons. Cette compagnie avait pour Capitaine M. de Clermont-Tonnerre avec MM. Roze, Lieutenant, et Billaudot, Sous-Lieutenant. Elle n'avait que ses cadres qui reçurent les mobiles de la classe 1870, appelés à l'activité. — Réunie aux dépôts des 1er et 3e bataillons, elle partit avec ceux-ci pour Nantes, le 9 novembre. Le dépôt de la mobile de l'Yonne séjourna dans cette ville jusqu'à la fin de décembre et il fut acheminé sur la presqu'île de Cotentin, où on accumulait des troupes et des canons, pour empêcher les armées allemandes de s'emparer de la puissante place de Cherbourg. — On lui assigna comme séjour, le bourg de Peziers, sur la route de Carentan à Granville. — Après six semaines d'une vie monotone, les mobiles de l'Yonne durent aller rejoindre le camp, près Bricquebec. Ils n'en sortirent qu'à la paix, pour s'en retourner par étapes à Auxerre où ils furent licenciés le 11 avril 1871.

Pendant son séjour à Nantes, le dépôt reçut l'ordre d'envoyer ce qu'il avait d'hommes disponibles au Mans où se formait le 21e corps, que commandait l'Amiral Jaurès. — 300 hommes furent pris dans toutes les compagnies et partirent le 22 novembre pour le Mans. M. le Lieutenant de Chastellux, de qui nous tenons ces renseignements, faisait partie de ce détachement, avec MM. de Bruchis, Capitaine, et Gauné, Sous-Lieutenant, tous deux sortant du 3e bataillon. On incorpora ce détachement dans la 2e division, Général Collin, 2e brigade, Lieutenant-Colonel de Lamarlière. — La colonne marcha, par un froid cruel, jusqu'aux plaines de Marchenoir. Là, le 7 décembre, le 21e corps rallia le Général Chanzy qui, avec les 16e et 17e corps, disputait aux armées du Prince Charles, la route de Tours. La compagnie prit part à la série de combats qui se livrèrent du 8 au 11 décembre entre Beaugency et Marchenoir et qui ont reçu le nom de bataille de Beaugency. — Le 8, elle perdit une quinzaine d'hommes dont 6 morts. La retraite commencée le 11 décembre fut pénible. — Les hommes, mal vêtus, mal nourris, eurent à subir de dures épreuves au milieu des effroyables boues du Vendômois. — On marcha ainsi par Fréteval, Mondoubleau et Connerré, jusqu'au Mans, où l'armée se reposa. Notre compagnie se trouvait réduite à 200 hommes; les autres étaient tués, blessés, pris ou malades. — Le 30 décembre, les officiers et les cadres de la compagnie durent rejoindre le dépôt. Les hommes devaient être versés au 4e bataillon de l'Yonne (Sens), qui, avec les mobiles du Cantal, formait le 72e de marche, qui prit une part honorable aux combats où se trouva le 17e corps.

Imp. E. Barré, à Avallon.

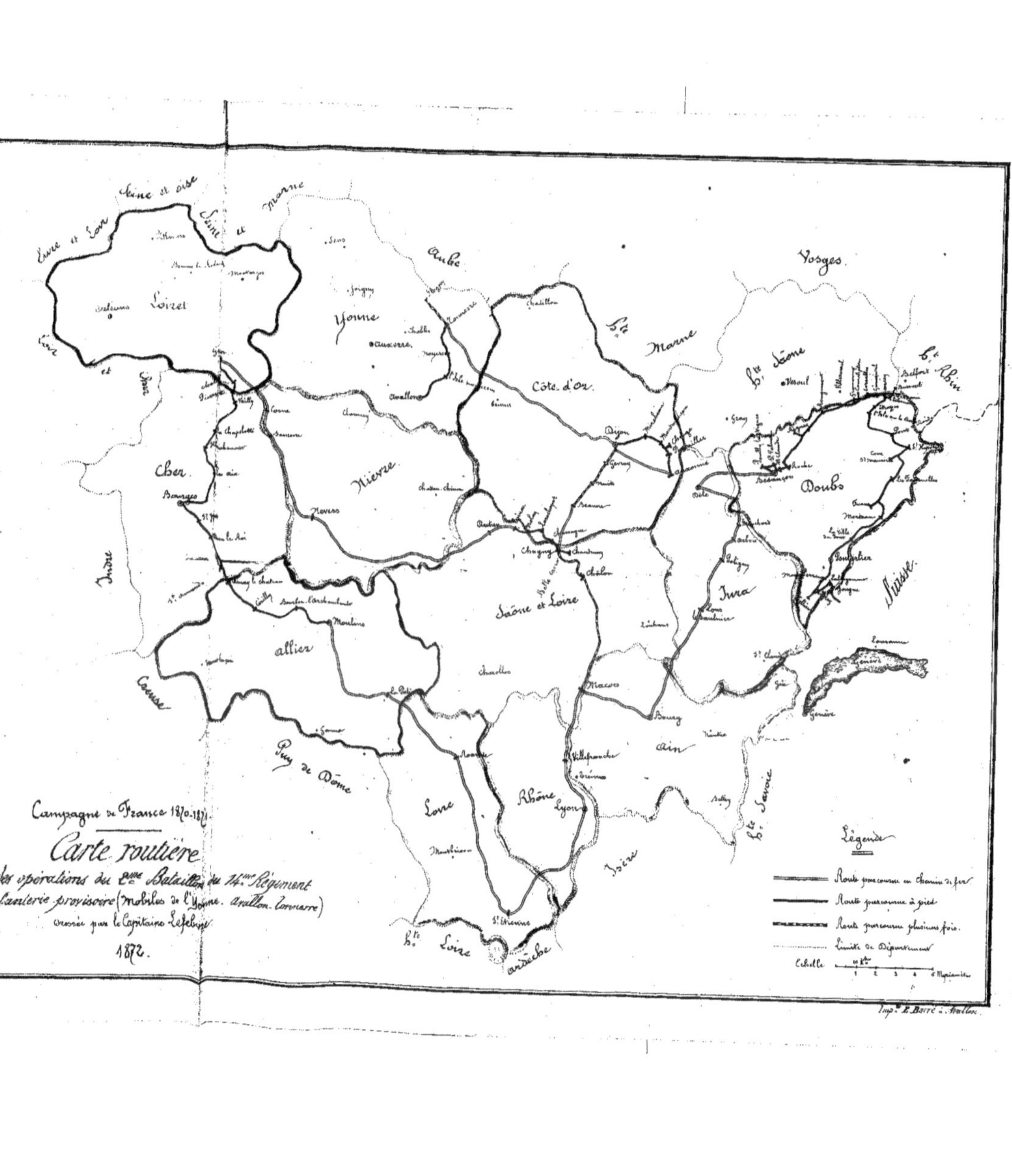
Campagne de France 1870-1871.
Carte routière
des opérations du 2ème Bataillon du 14ème Régiment
d'Infanterie provisoire (Mobiles de l'Yonne. Avallon-Tonnerre)
dressée par le Capitaine Lefebvre
1872.
Légende
Route parcourue en Chemin de fer
Route parcourue à pied
Route parcourue plusieurs fois.
Limite de Département
Echelle
10 Kms
1 2 3 4 5 Myriamètres
Imp. E. Barré à Avallon.
Seine et Oise
Seine et Marne
Eure et Loir
Loiret
Orléans
Yonne
Auxerre
Avallon
Aube
Vosges
Hte Marne
Côte d'Or
Dijon
Hte Saône
Vesoul
Gray
Belfort
Ht Rhin
Doubs
Besançon
Dôle
Pontarlier
Jura
Suisse
Lausanne
Genève
Cher
Bourges
Nièvre
Nevers
Allier
Moulins
Saône et Loire
Chalon
Macon
Bourg
Ain
Rhône
Lyon
Loire
St Étienne
Hte Loire
Ardèche
Isère
Hte Savoie
Puy de Dôme
Creuse
Indre

www.ingramcontent.com/pod-product-compliance
Lightning Source LLC
LaVergne TN
LVHW020245230826
846091LV00006B/2257
9782011264527